Edition Akzente
Herausgegeben von
Michael Krüger

Arno Geiger
Grenzgehen

Drei Reden

Mit den Laudationes
von Meike Feßmann
und Felicitas von Lovenberg

Carl Hanser Verlag

1 2 3 4 5 15 14 13 12 11

ISBN 978-3-446-23914-2
© bei den Autoren
Alle Rechte dieser Ausgabe
© 2011 Carl Hanser Verlag München
Umschlag: Peter-Andreas Hassiepen, München,
nach einem Reihenentwurf von Klaus Detjen
Foto: Marco Flammang
Satz: Memminger MedienCentrum AG, Memmingen
Druck und Bindung: Friedrich Pustet, Regensburg
Printed in Germany

Grenzgehen

Rede zur Verleihung des Literaturpreises der
Konrad Adenauer Stiftung 2011

Das Schicksal der Rheinländer nicht nur am Unterlauf des Flusses, sondern auch am Oberlauf ist die Grenzlage. Mein Aufwachsen zwischen mehreren Grenzen – der Schweizer, der Liechtensteiner und der deutschen – sozialisiert wie jedes Aufwachsen: man wird zum Spezialisten für etwas Spezifisches, für das Grenzgehen. Jedes Grenzgehen ist existenziell, jeder Grenzgänger weiß, dass er seiner Strafe nicht entgehen wird und dass er sterben muss. Jeder Grenzgänger weiß, wie wenig er mitnehmen kann. Er weiß, dass das Leichenhemd des kurzen Lebens keine Taschen hat. Daher seine Lebensgier.

Schlagbaum, Schlaglicht, Schlaghose, Schlag auf Schlag. Dieser Schlag Menschen, dem ich entstamme und dem ich Respekt zolle. Schlagabtausch, Schlag ins Wasser, Schlag auf den Kopf. Schlag dein Notizbuch auf! Erzähl!

Die gut erzählte Geschichte ist das Zuhause der Reflexion.

Jedes Jahr im Herbst fuhren wir zum Äpfelkaufen nach Hattnau, einem Ortsteil von Wasserburg. Alle vier Kinder hinten im Auto, pro Person durfte eine Steige Äpfel zollfrei über die Grenze genommen werden. Die Fahrten starteten nach Feierabend, die Rückkehr fand in der Dunkelheit statt. Herbst, notorischer Nebel über dem Bodensee und über den Feuchtgebieten des Rheintals. Stau am Grenzübergang Unterhochsteg.

In unserer Familie oblag das Autofahren der Mutter. Beim Zollamt kurbelte sie das Seitenfenster nach unten, ein Zöllner trat an den Wagen, bückte sich und leuchtete mit einer Taschenlampe ins Wageninnere. Die Erwachsenen machten ein zum Pass passendes Gesicht, wir Kinder nahmen eine ordentliche Haltung ein, die zwar frei gewählt war, sich aber trotzdem anfühlte, als sei sie erzwungen. Wir saßen zu viert auf der Rückbank, zusammengekniffene Augen, jeder einen Apfel in Händen, die Hände im Schoß. Manchmal wurden die Eltern aufgefordert, den Kofferraum zu öffnen. Wir lauschten auf jedes Geräusch, auf jedes Wort. Die fundamentale Feindseligkeit einer Grenze, an der man von bewaffneten Männern angehalten und kontrolliert wird, war uns bewusst; auch ohne Kenntnis von Kleists Novelle *Michael Kohlhaas*. Die vollen Obstkisten wurden gezählt, gegen die Autoinsassen verrechnet. Sechs Personen, sechs Steigen, Weiterfahrt, langsames Beschleunigen. Das gab es jedes Jahr jeden Herbst dreimal. Wenn in Lochau über den See hinweg die Lichter von Bregenz sichtbar wurden, löste sich die Anspannung, wir schlugen unsere

Zähne wieder beherzt in die Äpfel und redeten lauter.

Ein entfernter Onkel hatte beim Zoll gearbeitet, Onkel Toni. Während seiner letzten Lebenswochen war er aufgrund eines Tumors im Bereich der Halswirbelsäule vom Hals abwärts gelähmt. Er lag bewegungslos im Bett, auch den Kopf vermochte er nicht mehr zu drehen. Eine Krankenschwester erzählte, Onkel Toni habe mit einem im selben Zimmer liegenden Ingenieur des Bundesheeres die ganze Nacht hindurch gestritten. Bis zum Morgengrauen. Es sei den beiden Sterbenden darum gegangen, wer im Leben mehr geleistet habe. Der Ingenieur habe immer gerufen, was er alles gebaut habe, und Onkel Toni habe zur Decke geschimpft, das sei alles Unfug und vergeudetes Geld gewesen. Er habe beim Zoll dafür gesorgt, dass Geld in die Kassen kommt, und beim Bundesheer hätten sie es verpulvert. Verfluchte Bande!

Die Grenze war eine Geldbeschaffungseinrichtung, gleichzeitig beengte sie das Leben der Menschen. Wenige Kilometer hinter der Schweizer Grenze und wenige Kilometer hinter der deutschen Grenze hatte kaum jemand Kontakte in dieses sogenannte *Ausland*. Grenzgänge wollten wohl überlegt sein wegen stets drohendem Verkehrsstau und einem grotesken Währungsdurcheinander. Meist unterblieb das Wagnis.

Eine Grenze markiert etwas, eine Gegnerschaft

oder einen Übergang. Früher sagte die Grenze nein, heute sagt sie ja. An einer Grenze kommt etwas zu einem Ende. Manchmal nur ein Land, manchmal eine Freiheit, manchmal ein Leben. Während des Dritten Reiches endeten entlang des Rheins zwischen Vorarlberg und der Schweiz die Leben von Menschen, teils abrupt, teils in einem langsameren Sterben wie beim österreichischen Schriftsteller Jura Soyfer, der sich vergeblich auf Schiern über die Berge in die Schweiz zu retten versuchte und elf Monate später in Buchenwald an Unterernährung und Krankheit starb. Bald darauf endeten Leben an der innerdeutschen Grenze; die älteren Menschen in Weimar wissen, wie es ist, wenn sich Grenzen wie ein Schraubstock um einen schließen, dass man das Gefühl hat, keine Luft mehr zu bekommen.

Heute existiert die innerdeutsche Grenze nicht mehr, und am Zollamt Unterhochsteg, das wir dreimal jährlich mit einem Kofferraum voller Äpfel passiert hatten, weisen Schilder darauf hin, dass das eine Land, Österreich, endet und das andere Land, Deutschland, beginnt, und umgekehrt, dass das eine Land, Deutschland, endet und das andere Land, Österreich, beginnt. Ein Übergang. Das Verkehrsschild mit dem schwarzem Balken im roten Kreis ist abmontiert: Der Balken ist gezogen, nicht zuletzt dank der Visionen Konrad Adenauers: *Wenn du den Balken aus deinem Auge gezogen hast, dann wirst du klar genug sehen, um den Splitter aus dem Auge deines Bruders zu ziehen.*

Grenzen sind eine Grundbedingung des Alltags. Der Mensch ist von Natur aus eingeschränkt, die harten Grenzen seines Körpers spürt er nicht erst im Alter. Er trägt seine Grenzen von Anfang an in sich. *Derjenige, der sich mit Einsicht für beschränkt erklärt, ist der Vollkommenheit am nächsten*, hat der steinalt gewordene Goethe in seinen *Maximen und Reflexionen* geschrieben. Mit anderen Worten: Man kann nur in der Anerkennung seiner Unvollkommenheit etwas Ganzes sein. Wer seine Unvollkommenheit nicht annimmt, vergrößert sie.

Für die Tatsache, dass dem Menschen Grenzen gesetzt sind, bin ich in den vergangenen Jahren sensibler geworden und hellhörig dafür, dass das Wort *Zugang* in unserer Gesellschaft immer mehr an Bedeutung gewinnt. Das heißt, dass auch Wörter wie *versperrt* und *verwehrt*, *ausgeschlossen* und *abgeschottet* stille Konjunktur haben. Es gibt Sieger und Besiegte, Elite und Übergangene, es gibt Drinnen und Draußen. Die Wohlhabenden und Gebildeten schotten sich nach unten ab, haben ihre eigenen Schulen und produzieren für die breite Masse ein Fernsehprogramm, das mithilft, Entwicklungschancen zu hemmen. Die Mobilität innerhalb der Gesellschaft sinkt, Standesschranken werden höher, der Sprung über sie hinweg gelingt seltener. Altersgrenzen werden niedriger, man ist schneller draußen.

Zuerst, als Kind, schaut man hinauf, dorthin, wo man endlich in die Schule darf, Radfahren, Filme anschauen, allein fortfahren darf, ohne Eltern. Dann, später, schaut man zurück, dorthin, wo man noch mitreden durfte, sich beteiligen durfte. Das ist vorbei, nein, halt, doch, nein, halt, doch, es ist vorbei, du bist zu alt, du verstehst nichts von dieser Welt, deine Erfahrungen hast du in einer früheren Welt gesammelt, sie sind nichts wert. – Ein ständiger Verlust von gewohnter Welt geht einher mit einem Verlust an Respekt vor Erfahrung. Die Alten versuchen, so lange es geht, Grenzfall zu bleiben, zwar alt an Jahren, aber jung geblieben.

Der Großvater meiner Lebensgefährtin war nach seiner Pensionierung etliche Jahre Grenztierarzt für die Grenzübergänge nach Lindau und nach St. Margrethen. Der Großvater war deutlich über siebzig und nickte ständig ein, kann sein, er war ein *Pickwickier.* Wenn er zu Hause einnickte, machten sich die Enkel einen Spaß daraus, ihn zu erschrecken. Dann fuhr er hoch, sprang aus dem Stuhl, schüttelte sich, und die Kinder lachten. Manchmal kam die Großmutter und schimpfte mit den Kindern. Da der Großvater auch beim Autofahren einnickte, waren die Fahrten, die er in seiner Funktion als Grenztierarzt zu erledigen hatte, prekär. Wenn er zur Grenze bestellt wurde, machte die Großmutter einen Familienrundruf, wer von den Enkeln den Großvater zur Grenze begleiten und ihn wach halten wolle. Diese Fahrten waren bei den Enkeln ausgesprochen beliebt. Heute würde kaum mehr jemand seine Kinder mit einem ständig einnickenden Großvater mitfahren lassen im Interesse der Sicherheit des alten Mannes; was nachvollziehbar ist. Und dennoch steckt mehr dahinter. Das Alter hat an Bedeutung verloren, weil es nichts Exklusives mehr ist, sondern etwas Allgegenwärtiges.

Konrad Adenauer, dieser bemerkenswert langlebige und langlebig bedeutende Mann wurde von seinen innerparteilichen Rivalen auch deshalb bereitwillig in wichtige Ämter gehievt, weil sie ihn aufgrund seines Alters für eine Übergangsfigur hielten. Ein alter Mann mit einem Stock. Bei seinem Amtsantritt als Kanzler war Adenauer dreiundsiebzig. Dennoch hatte er mehr Sinn für Utopien als die meisten Jungen. Vierzehn Jahre später, bei seinem Ausscheiden aus dem Amt, war das Fundament der Utopie gelegt: Europa. Europa war nicht mehr nur ein geographischer Begriff, sondern eine Perspektive: Freundschaft in Freiheit.

Was in der Bildenden Kunst zu Beginn des zwanzigsten Jahrhunderts die Überschreitung der Grenze zur Gegenstandslosigkeit war, ist in der Geschichte

Europas die geschaffene Gegenstandslosigkeit von Grenzen; zumindest im Inneren. Man wird im Inneren Europas nicht Halt machen können und nicht Halt machen wollen und Halt machen dürfen: Wenn du den Balken aus deinem Auge gezogen hast, dann wirst du klar genug sehen, um den Splitter aus dem Auge deines Bruders zu ziehen.

Der Großvater meiner Lebensgefährtin fuhr als Achtzigjähriger nicht nur mit den Enkeln zur Grenze, sondern behandelte weiterhin bei sich zu Hause Kleintiere. Die Enkel durften assistieren. Einmal brachte eine alte Frau einen Wellensittich, der so dick war, dass der Fußring ins Fleisch schnitt. Der Großvater holte aus der Werkstatt den Werkzeugkasten, entnahm diesem eine Zange und zwickte dem Wellensittich aus Versehen gleich auch den Fuß ab. Der Fuß hing lediglich noch an einem Hautfetzen. Zu seinem fünfjährigen Enkel, der zugeschaut hatte, sagte der Großvater mit fatalistischer Gebärde: »Der wird es nicht mehr lange machen.« Der Großvater verband das Bein und gab den Vogel der Besitzerin zurück. – Die Körperlichkeit des Wortes Grenzverletzung überzeugt mich in diesem Fall. Der Großvater gab sein Handwerk bald auf. Auch dies ein Übergang. Jedes Grenzgehen ist existenziell, jeder Grenzgänger weiß, dass er sterben wird. Das Grenzgehen ist eine Erinnerung an den Tod.

Schlagbaum, Schlaglicht, Schlagwerk, im Schlagschatten solcher Ereignisse. Schlag dein Notizbuch auf, erzähl! – Es hat immer nur *ein* Schlag zum Sieg gefehlt, sagt der Boxer in einem Film.

Verehrte Damen und Herren, ein Wort ist immer auch Passwort, und eine gute Erzählung immer auch Geleitbrief. Sprache ist Übergang. Der Aufenthaltsort des Schriftstellers ist der Bereich zwischen Welt und Wort. Man steht in der Öffnung und richtet sich in der Offenheit ein – wie Philipp Erlach, der Protagonist in »Es geht uns gut«, dessen Lieblingsplatz die Schwelle des geerbten Hauses ist, nicht draußen, aber auch nicht drinnen. Ob als Mensch im Allgemeinen oder als Schriftsteller im Speziellen: man kommt nie ganz hinein (ins Leben), nie ganz durch (im Leben) und findet sich ständig seiner Grenzen belehrt. Doch wenn wir auch hundertmal wissen, dass auf den Tag die Nacht folgt und auf den Sommer der Herbst, dass der Menschen Tage wie Gras sind und wir sterben müssen und dass selbst die Sterne verglühen: Wir versuchen trotzdem, hinüberzukommen, hineinzukommen, als Schreibende, als Reisende: in die Erkenntnis des Unbekannten.

Adenauers letzte Worte sind bezeugt: »Da jitt et nix zo kriesche!« (»Da gibt es nichts zu weinen.«) Im zurück liegenden Sommer bedauerte mein Vater, wie so oft, seine mangelnde Leistungsfähigkeit. Dann wand-

te er sich zu mir und sagte: »Aber tua nit plägga.«
(»Aber du sollst nicht weinen.«) Ich sagte: »Ich weine
eh nicht.« Darauf er: »Es würde auch nichts bringen.«

So ist es. Und trotzdem unendlich traurig.

Als Troja fiel – in die Vorgeschichte des Falls ist ein
Apfel involviert –, floh Äneas, den alten Vater auf dem
Rücken, den Sohn an der Hand, aus der brennenden
Stadt. Äneas brach auf Richtung Abendland, dem Ho-
rizont entgegen, hinter dem ihn ein Schicksal erwar-
tete. Eine Verheißung besagte, dass sich im noch zu
gründenden Rom die Tore des Krieges nach Jahrhun-
derten der Auseinandersetzung schließen würden.
Für das Europa, das *alt* genannt wird, ist die Erfüllung
dieser Verheißung in Reichweite gelangt, auch wegen
des Falls von Grenzen und Mauern. In diesem *alten*
Europa schreibe ich Bücher, andere pflanzen Apfel-
bäumchen.

Sehr verehrte Damen und Herren: Sechs Blatt Pa-
pier, 1.900 Wörter, ein Stück Kindheit, ein Stück Arbeit, verkörpertes Leben, erlebter Raum. Eine Zu-
kunftshoffnung. Das ist es, was ich zu deklarieren
habe neben meiner großen Freude, in Weimar sein
zu dürfen, und neben meinem innigen Dank für die
Zuerkennung des Literaturpreises der Konrad-Adenauer-Stiftung.

Artistik der Einfühlung

Laudatio zum Literaturpreis der
Konrad-Adenauer-Stiftung 2011
von Meike Feßmann

»Heute ist das Leben besser als sein Ruf«. Das sagt Erik, einer der Helden des Romans *Alles über Sally*, und er hat allen Grund dazu. Gerade hat er mit Sally einen feurigen Liebesmittag im Hotel verbracht, im siebten Stock des luxuriösen »Vienna Danube«, mit berauschendem Blick über die Donau.

So sind wir Menschen. Kaum geht es uns gut, könnten wir die Welt umarmen, und sie erstrahlt in neuem Licht. Arno Geiger gilt, nach eher spielerischen Anfängen, als realistischer Erzähler. Anhänger des literarischen Experiments fügen gern etwas Pejoratives hinzu, wenn sie vom Realismus sprechen. So als gelte es, dieses Wort nur unter erheblichen Vorsichtsmaßnahmen überhaupt in den Mund zu nehmen. Das ist doch biederer Abbild-Realismus, sagen sie gern. Das klingt gewieft, ist aber eigentlich ziemlich dumm. Denn die Wirklichkeit kommt niemals als Bild in den Roman, sondern immer durch die Sprache des Autors und seinen Stil. Dennoch entstehen Bilder. Kraft der Vorstellung, die ein Prosawerk im Kopf des Lesers erzeugt. Arno Geiger beherrscht das meisterhaft. Sein Realismus ist angewandte Seelenkunst.

Dass wir Sally, die zweiundfünfzigjährige Titelheldin dieses großartigen Romans, sofort ins Herz schließen, obwohl sie nicht nur lebenslustig und scharfsinnig ist, sondern ihren Mann, den liebenswerten, aber auch ein wenig wehleidigen Alfred, nach Strich und Faden betrügt, verdanken wir der Art und Weise, wie Arno Geiger von ihr erzählt: einfühlsam und nah an der Figur. Auch wenn, vor allem hier an diesem Ort, in Weimar, die *Wahlverwandtschaften* zu uns herübergrüßen, auch wenn wir an die berühmten Ehebrecherinnen der Literaturgeschichte denken, an Anna Karenina, Madame Bovary, Effi Briest: *Alles über Sally* ist kein Ehebruchsroman, wie wir ihn kennen. Im Gegenteil. Sally muss für ihre Affäre nicht bezahlen, weder mit ihrem Leben oder sozialer Ächtung (wie ihre literarischen Vorgängerinnen), noch mit Trennung oder Scheidung. Die Ehe der Finks übersteht die Krise, wie sie auch schon andere Krisen überstanden hat.

Die Pointe des Romans ist also nicht der Bruch der Ehe, sondern der Balanceakt ihrer Rettung. Arno Geiger setzt Martin Walser fort oder John Updike, allerdings unter geändertem Vorzeichen. Nicht der Mann leistet sich Affären und kehrt immer wieder in den Schoß der Familie zurück, sondern die Frau. Und doch sind die Verhältnisse nicht einfach umgekehrt. Man könnte meinen, es sei vor allem Alfred, der mit seiner sanftmütigen Beharrlichkeit die Ehe rettet. Tatsächlich aber sind es beide: Sally, die sich trotz erotischer Verzückung weiter um den Haushalt und das Seelenheil der Familie kümmert, und Alfred, der unbeirrt, wenn auch wenig tatkräftig, an Sallys Seite bleibt. Denn er liebt sie und kennt ihre Eigenheiten.

Noch immer ist die Ehe in unserer Gesellschaft das favorisierte Lebensmodell. Offenbar haben hohe Scheidungszahlen keinen abschreckenden Effekt, im Gegenteil. Wer selbst aus einer zerrütteten Familie kommt, will es erst recht um jeden Preis besser machen als die Eltern. Doch die Grundvoraussetzungen einer glückenden Ehe – nennen wir nur drei: Einfühlung, Rücksichtnahme, Zeit –, lassen sich mit den Anforderungen des modernen Arbeitsmarkts immer schwieriger in Einklang bringen. Je erbarmungsloser es dort zugeht, desto größer wird die Sehnsucht nach stabilen privaten Verhältnissen, und desto unmöglicher werden sie. Denn die Frauen, die sich früher ums Private gekümmert haben, sind ebenfalls berufstätig und stehen oft unter noch größerem Druck als die Männer. Die israelische Soziologin Eva Illouz stellt sogar die These auf, der Kapitalismus habe unsere Gefühle längst gekapert. Es sei ihm gerade recht, dass wir immer noch an die »romantische Liebe« glauben. Das mache uns zu gefügigen Konsumenten.

Arno Geiger kennt diese Problemlage und antwortet darauf als Romancier, also nicht diskursiv oder gar thetisch (einmal gibt es einen Seitenhieb gegen Michel Houellebecq). Sie bildet vielmehr den rumorenden Untergrund seines Erzählens, die Herausforderung der Epoche, auf die jeder Autor, der einen Gesellschaftsroman schreiben will, reagieren muss. Aber er lässt sich auch nicht allzu sehr davon beeindrucken. Lieber stellt er sich vor, wie es trotzdem gehen kann.

Leicht macht er es sich dabei nicht. Denn Sally und Alfred, seit dreißig Jahren ein Paar, könnten unterschiedlicher nicht sein: extrovertiert, neugierig, vor Sinnlichkeit beinahe platzend und von umwerfender, manchmal auch schroffer Direktheit ist Sally, die als Lehrerin an einem Wiener Gymnasium arbeitet; introvertiert, zögerlich, allem Vergangenen in Liebe und Detailkenntnis zugetan dagegen Alfred, der als Museumskurator den passenden Beruf gefunden hat. Wie Arno Geiger aus der Unterschiedlichkeit seiner beiden Hauptfiguren Funken schlägt, das ist fürwahr ein Kabinettstück der Erzählkunst!

Sie sind gerade im Urlaub, als sie der Anruf von Nadja erreicht, der Frau von Erik, mit dem sich Sally später in eine Affäre stürzen wird: in ihrem Haus sei eingebrochen worden, sie müssten sofort nach Wien zurückkommen. Schon die Szene, die diesem Anruf voraus geht und die Ouvertüre des Romans bildet, ist meisterlich. Da sehen wir Sally und Alfred morgens in einem schäbigen englischen Hotelzimmer. Sie tigert voller Tatendrang hin und her und hackt währenddessen auf Alfred herum, der gemütlich im Bett liegt und erst noch ein wenig Tagebuch schreiben will. Alfred trägt einen Stützstrumpf, den Sally inbrünstig hasst. Für sie ist er ein Zeichen, dass sich der fünf Jahre ältere Gatte gehen lässt und sich viel zu früh mit den Gebrechen des Alters abfindet. Im Lauf des Romans wird dieser Stützstrumpf wiederholt zum Auslöser ehelicher Zwistigkeiten und bekommt darüber hinaus symbolische Bedeutung: als Sinnbild von Alfreds Verletzlichkeit.

Der Roman spielt von Juli bis Silvester 2008. Sally und Alfred gehen, ihrer jeweiligen Mentalität entsprechend, ganz unterschiedlich mit dem Einbruch um. Alfreds Seelenfrieden gerät völlig aus dem Gleichgewicht, er fühlt sich von den Einbrechern in seiner Intimsphäre verletzt und versinkt in tiefe Agonie. Natürlich ist auch Sally entsetzt über das Chaos, aber sie fasst sich schnell. Solche Dinge passieren eben, ist ihre Meinung. Voller Energie stürzt sie sich in die Aufräumarbeiten und nimmt gleich noch die Gelegenheit wahr, die Zimmer der drei so gut wie erwachsenen Kinder zu renovieren, die nicht gerade durch tätige Mithilfe glänzen.

Die kapriziöse Alice ist eigentlich längst aus dem Haus, sie macht gerade ein Praktikum in Brüssel, kommt aber wegen des Einbruchs zurück – und geht nicht nur ihrer Schwester Emma, sondern vor allem ihrer Mutter gehörig auf die Nerven. So verlangt die sechsundzwanzigjährige Heimkehrerin, die Mutter solle, mitten im Trubel der Renovierungsarbeiten, zum Abendessen einen Rindfleischsalat zubereiten, und zwar unbedingt mit selbst geschlagener Mayonnaise. Da reißt Sally der ohnehin nicht allzu stabile Geduldsfaden: »Herumlungern und Maulen und sich für alles andere zu gut halten, das versetzte sie in Wut. Ein Wort gab das andere, am Ende bekam Alice von Sally Mangel an sozialem Empfinden vorgeworfen, aber das sei ja nicht überraschend bei jemandem, dessen kulturelles Bewusstsein sich auf Dinge wie selbstgemachte Mayonnaise und das Sammeln von Hotelseifen beschränke.«

Kennen Sie solche Szenen? Wenn Sie heranwachsende oder erwachsene Kinder haben, bestimmt. Und tatsächlich gehören solche Wiedererkennungseffekte zu den Werken Arno Geigers, wie auch zu denen von Martin Walser. Meine ganze Jugend lang, wenn Sie mir eine persönliche Bemerkung gestatten, hatten meine Eltern ihre helle Freude daran, in den widerborstigen Töchtern der Walserschen Werke, die im Lauf der Zeit genauso heranreiften wie die realen Töchter der Walsers, Trost und Beistand im Umgang mit den eigenen Kindern zu finden. Manche Autoren halten solche Effekte für verwerflich. Nichts, aber auch gar nichts soll an das reale Leben erinnern und nichts an die eigene Biographie. Aber wie steht es mit uns Lesern? Wollen wir uns nicht, zumindest hin und wieder vorstellen, auch wir könnten gemeint sein? Lesen ist nicht nur Unterhaltung und ebenso wenig Götzendienst am Altar der Kunst. Es ist auch ein imaginäres Durchspielen eigener Probleme und Wünsche. Dass Frauen die intensiveren Romanleser sind, dürfte auch damit zu tun haben. Ihnen ist die eigene Existenz fragwürdiger als den meisten Männern. Arno Geiger fühlt sich mit großer Selbstverständlichkeit auch in die weibliche Psyche ein. »Madame Bovary, c'est moi«, dieses berühmte Bonmot Flauberts hat sich der 1968 geborene Österreicher zu eigen gemacht. Und er hat vom Begründer des modernen Romans noch mehr gelernt als dies, nämlich seinen Stil.

Es ist das Stilmittel der erlebten Rede, das Arno Geigers Prosa so anschaulich und lebendig macht. Seine Erzähler blicken nicht aus auktorialer Höhe gottgleich auf das Geschehen herab, sondern bleiben nah an den Figuren, ohne wie in der Ich-Erzählung in eine einzige Figur hineinzukriechen. Die Ich-Perspektive ist eine Verengung der Weltsicht. Erhellend ist sie vor allem dann, wenn diese Weltsicht als eine besondere gezeigt werden soll, etwa im fulminanten Schlussmonolog Alfreds.

Dort erhalten wir Einblick in sein Tagebuch und

dürfen ihn nicht nur als großen Liebenden erkennen, sondern auch als legitimen Nachfolger von Molly Bloom. Freilich in aparter Verkehrung der Joyceschen Pointe. War es Anfang des 20. Jahrhunderts noch revolutionär, dem weiblichen Begehren eine eigene Stimme zu geben, so ist das Besondere an Alfreds Redestrom, dass hier ein Mann einen stillen Lobgesang auf die Liebe zu seiner Frau anstimmt, obwohl er weiß, dass sich ihr Begehren auch auf andere richtet. Bei diesem Paar ist eindeutig der Mann der gefühlvollere. Er weiß, dass eine glückliche Ehe auf »Vertrautheit und Neugier« gründet, und er scheut sich nicht, deren Geheimnis in aller Schlichtheit auszusprechen: »das ist Liebe, etwas sehr Einfaches, man liebt und basta, man kann es nicht ändern.«

Meist bleibt die Erzählstimme nahe am Bewusstsein Sallys. Häufig sehen wir Alfred, der seine Wunden leckt, mit ihrem Blick und begleitet von ihren Gedanken. Aber er könnte niemals so leicht unsere Sympathie gewinnen, wenn der Erzähler nicht von Anfang an auch auf seiner Seite wäre. Denn Sally, angestachelt von der sexuellen Leidenschaft für Erik, lässt in dieser Phase ihres Lebens meist kein gutes Haar an ihrem Mann. Geiger beschreibt beides, ihre Aversion und seine Bedürftigkeit, und zugleich das Wissen der Partner, dass es in solchen Phasen der Ehe vor allem aufs Durchhalten ankommt und auf die kleinen Gesten der Zuneigung. Das verdeutlicht eine Szene, in der Sally direkt aus dem Hotelbett zuhause einrauscht.

Aufgekratzt vom Glück erfüllter Leidenschaft, ernüchtert sie das jüngste ihrer drei Kinder, der siebzehnjährige Gustav, mit der Nachricht, der Vater sei völlig geknickt, weil er soeben entdeckt habe, dass die Einbrecher in seinem Tagebuch herumgesudelt haben. Nun heißt es: durchatmen und keinen Fehler machen. Sally weiß, dass sie sein Selbstmitleid gerade nicht ertragen kann und dass alles, was sie sagen könnte, »Sätze aus der Welt der Glücklichen« wären und dass er solche Sätze ganz bestimmt nicht hören will. Aber sie weiß auch, dass sie zu ihm in sein Arbeitszimmer gehen muss, irgendetwas wird ihr schon einfallen, und während sie nach den richtigen Worten sucht, zeigt Geiger, was Paare verbindet: »Sie musterte ihn, diesen großen trauernden Mann in seinem kleinen traurigen Haus. Dabei versuchte sie abzuschätzen, wie es in diesem Moment um seine Empfänglichkeit für Ratschläge stand. Sie trat zu der Obstkiste, in der die Tagebücher vorübergehend lagerten, bis Ersatz für die zertrümmerte Truhe gefunden war. In diesen fünfzig oder sechzig vollgekrakelten Bänden hatte Alfreds Häuslichkeit bis vor wenigen Stunden einen sicheren Platz besessen. (…) Manchmal zog Sally Alfred auf, indem sie sagte, er male wieder seine Muster in den Sand. In Wahrheit jedoch beneidete sie ihn um seine Ausdauer, und es gefiel ihr, dass er in doppelter Hinsicht in seiner Biographie hauste: als jemand, der in einem bestimmten Leben herangewachsen war, und als Besitzer dieses langwierigen und langsamen Selbstporträts.« Und während sie das denkt, und die Zuneigung für Alfred langsam wieder Raum gewinnt, fällt ihr auch eine Lösung ein: er solle die betroffenen Seiten doch einfach heraustrennen und abschreiben. »Hauptsache, alles ist von deiner Hand«. Weil sie ihn sehr gut kennt, kann sie die heilsame Wirkung ihrer Worte förmlich an ihm ablesen, als »Rädchen«, die sich in seinem Kopf drehen. Als sie den Raum verlassen hat, bleibt der Erzähler noch in Alfreds Nähe: »Alfred schaute auf die geschlossene Tür, und ohne es präzise in Worte kleiden zu müssen, wusste er, dass die Ehe mit Sally das einzige war, was noch die Fähigkeit besaß, seine Neugier in dieser Welt zu wecken.«

Es sind solche Balanceakte zwischenmenschlicher Äquilibristik, die Arno Geiger wie kaum ein anderer deutschsprachiger Autor seiner Generation in Szene setzen kann. Er kennt seine Figuren ganz genau und führt sie dem Leser plastisch vor Augen, und doch lässt er ihnen genügend Spielraum. So als könnten sie in solchen Situationen tatsächlich selbst auf eine Lösung kommen. Und vielleicht ist es auch so. Die erlebte Rede ist nicht nur ein Handwerkszeug, sie ist eine Methode, die Welt zu erschließen, und zwar auf eine Weise, wie es nur die Literatur kann: im Wechselspiel verschiedener Innenwelten, im Erfassen von Stimmungen, wie sie entstehen und sich verändern, oft nur durch eine Geste oder das richtige Wort. Die Lektüre dieses Romans, der die Liebe nicht verklärt, aber doch an ihr festhält, wäre gewiss eine bessere Vorbereitung auf das Abenteuer der Ehe als die unzähligen Ratgeber, die den Markt überschwemmen. Dass es vor allem die kleinen Gesten der Zuwendung sind, die das familiäre Band auch in Krisensituationen nicht reißen lassen, das zeigt dieser Roman in beinahe jeder Szene.

In einem von Modethemen und Hypes geprägten Literaturbetrieb, in dem sich junge Autoren allzu oft in den Loops medialer Rückkopplungsschleifen verfangen, sind Schriftsteller wie Arno Geiger wichtiger denn je. An seiner Entwicklung lässt sich ablesen, wie weit es trägt, wenn ein Autor erst einmal sein Handwerkszeug trainiert, wie in den frühen Romanen *Kleine Schule des Karussellfahrens* (1997), *Irrlichterloh* (1999) und *Schöne Freunde* (2002), um dann den Kopf frei zu haben für die wichtigste Aufgabe der Literatur, die sich seit den Zeiten Homers nicht geändert hat: unter den Bedingungen der jeweiligen Gegenwart die großen Fragen der Existenz noch einmal durchzuspielen. Liebe, Krankheit, Tod, es sind die gleichen Fragen geblieben. Da ist keine Originalität möglich.

Mit seinem Familienroman *Es geht uns gut*, der zunächst ein Anti-Familienroman werden sollte, hat Arno Geiger zu jener Gelassenheit gefunden, die sein Werk seither auszeichnet: zu einer Gelassenheit, die den Stoff so lange wachsen und zu einem Eigenleben kommen lässt, bis es Zeit ist, mit dem Schreiben zu beginnen. Philipp Erlach, der Held des Romans, erbt von seiner Großmutter ein Haus in der Wiener Vorstadt, mit dem er eigentlich nichts anfangen kann, bis ihn die eng mit der Geschichte Österreichs verbundene Familiengeschichte zu interessieren beginnt. Er trägt noch Züge der Schelme und Luftikusse, die durch die frühen Romane stromern. Die Art aber, wie der Roman geschrieben ist, zeigt die Fertigkeiten eines souverän gewordenen Autors, der weder nach dem Markt schielt, noch mit dem Rücken zum Leser schreibt.

Vielleicht hat der Erfolg des 2005 mit dem Deutschen Buchpreis ausgezeichneten Romans Arno Geiger darin bestärkt, seinen eigenen Stil zu finden. Was seine Kritiker manchmal für sprachliche Nachlässigkeit halten, folgt in Wahrheit einer Ästhetik der Beiläufigkeit, die mit seiner Dialogkunst in engem Zusammenhang steht. Arno Geiger gibt Dialoge häufig nicht wörtlich wieder, sondern indirekt, indem er sie in den Erzählfluss integriert. Damit verwischt er nicht nur den Übergang zwischen Gesagtem und Gedachtem, sondern auch zwischen Figurenrede und der Stimme des Erzählers. Das kann nur gelingen, wenn sich beide annähern: die Erzählerstimme also Merkmale mündlicher Rede annimmt und die Dialoge natürlich bleiben und nicht nach Schriftsprache klingen.

Auch im Erzählungsband *Anna nicht vergessen*, der 2007 erschienen ist, glücken Arno Geiger die in diesem Stil geschriebenen Geschichten am besten. So schildert die Titelgeschichte den täglichen Machtkampf zwischen einer alleinerziehenden Mutter und ihrer kleinen Tochter, einem ziemlich cleveren und rebellischen Geschöpf. Mit ihren sieben Jahren hat Anna längst gelernt, das schlechte Gewissen ihrer Mutter auszunützen. In der ganzen Wohnung hat sie Zettel aufgehängt: »Anna nicht vergessen!« Eines Tages will sie ihre Mutter dazu bewegen, eine kleine Maus als Haustier halten zu dürfen. Als alles Flehen nichts hilft, sagt sie mit größter Unschuldsmiene: »Meine richtige Mutter wird mich bestimmt bald abholen.« Die aber lässt sich, vor lauter Schreck und Zorn, auf das Spiel ein. Fortan kontert sie jede Kritik ihrer Tochter mit dem Hinweis, bald käme ja ihre richtige Mutter und hole sie ab.

Überaus eindrucksvoll ist auch die letzte Geschich-

te des Bandes. Sie erzählt vom Alltag auf einer Kinder-
intensivstation, vom harten Aufeinanderprallen zweier Lebenssphären: während es bei der Reanimation
eines zwölfjährigen Jungen um Leben und Tod geht,
unterhält sich das Klinikpersonal über Alltagsproble-
me und ärgert sich, dass es Überstunden machen
muss.

Der gewöhnliche Alltag, der ja so gewöhnlich
nicht ist, weil er jeden Tag aufs Neue bestanden werden muss, und die großen Herausforderungen der
menschlichen Existenz, das sind die beiden Pole des
Werks von Arno Geiger. Seine Erzählstimme ist stets
auf eigentümliche Weise mit den Figuren solidarisch,
so als schmiege sie sich ihnen wie ein Mantel an oder
stünde jederzeit als Begleiter zur Verfügung, der sie
sicher durch alle Fährnisse des Lebens bringt.

Die Idee eines solchen Begleiters gibt es schon sehr
früh, nämlich in seinem zweiten Roman *Irrlichterloh*.
Dort stellt sich der jugendliche Held, der sich vor allem damit beschäftigt, Verkehrszeichen mit Graffiti zu
besprühen, seine Freundin als Komplizin vor: »Scha-
de auch, dass Ann-Kathrin nicht versteht, dass sie ihm
nie näher ist als in der Vorstellung von einem Mäd-
chen, das unsichtbar Schmiere steht, das neben ihm
läuft, das zwei Meter vorausläuft, ausdauernd, mit
dem Gespür für den finsteren Winkel, für die engen
Löcher, durch die man schlüpfen kann.«

Wie die Idee des Begleitens Arno Geigers Ästhetik der Beiläufigkeit gleichsam von innen beseelt, wird nirgendwo deutlicher als in seinem jüngsten Buch. *Der alte König in seinem Exil* erzählt, Sie wissen es, von der Alzheimer-Erkrankung seines Vaters. Wie kann man die Wirkung dieses Buches erklären, das so viele Leser begeistert hat, obwohl sein Thema so traurig ist? Die Alzheimersche Krankheit dürfte jene Krankheit sein, die Menschen der westlichen Zivilisation am meisten fürchten, weil sie mit dem Verlust der kognitiven Fähigkeiten einhergeht. Ist die Vorstellung, hilfsbedürftig zu sein und körperlicher Pflege zu bedürfen, gerade noch erträglich, so können wir uns mit dem Gedanken, eines Tages nicht mehr wir selbst zu sein, nicht abfinden. Arno Geigers Buch aber zeigt, dass sich der Charakter eines Menschen nicht notwendigerweise verändert, wenn er an Alzheimer erkrankt.

August Geiger, 1926 als drittes von zehn Kindern einer Vorarlberger Bauernfamilie geboren und lange als Gemeindeschreiber seines Heimatortes Wolfurt tätig, ist immer ein liebenswerter und umgänglicher Mensch gewesen. Und er ist es trotz der Krankheit geblieben. Charakter schlägt Intellekt, das ist eine der tröstlichen Botschaften dieses Buches, aber nicht seine einzige.

Obwohl Arno Geiger nichts, aber auch gar nichts an der Krankheit seines Vaters beschönigt und sie in allen Phasen zeigt – die entsetzlichen Ängste, die Desorientierung, die zeitweilige Renitenz und Aggression, das Verlernen selbst alltäglicher Fertigkeiten wie ein Butterbrot zu essen –, erzeugt seine Lektüre immer wieder eine Heiterkeit, die den Leser verzaubert. Es ist der Sprachwitz August Geigers selbst, der uns heiter stimmt. Und wir dürfen an ihm teilhaben, weil sein Sohn Freude an den sprachlichen Einfällen des Vaters hat, auf die er manchmal sogar ein wenig neidisch ist. Was könnte es Schöneres für einen Alzheimer-Kranken geben als diesen Neid? Denn er bedeutet Anerkennung. Und so kommen sich Vater und Sohn, die sich als Erwachsene auseinandergelebt haben, auf eine völlig neue Weise nahe: »da haben sich zwei gefunden, ein an Alzheimer erkrankter Mann und ein Schriftsteller«, heißt es einmal.

Die enorme Wirkung dieses Buches hat nicht damit zu tun, dass Arno Geiger von der Alzheimer-Erkrankung seines Vaters *berichtet*, sondern dass er davon *erzählt*. Es ist die Geste des Begleitens und Bergens, die uns anrührt. Arno Geiger evoziert sie in doppelter Form: als ganz reale Begleitung der Menschen, die August Geiger durch den Alltag helfen (der Autor selbst, seine Geschwister, die Mutter, die Pflegerinnen), und zugleich als Bild dieser Geste. Kunstvoll in der Unsichtbarkeit seiner Kniffe, erzeugt er eine ganz bestimme Vorstellung: Vater und Sohn wie auf einer

Bühne, und es ist der Vater, der die entscheidenden Sätze spricht, und der Sohn, der sie notiert.

»Das Leben ist ohne Probleme auch nicht leichter.« Das ist einer dieser Sätze August Geigers, so gewitzt und klug, dass man lange darüber nachdenken will – und es auch tut. Denn sein Witz lässt sich nicht auflösen. Dass das Leben vielleicht nicht leichter, wohl aber erträglicher wird, wenn man einen Schriftsteller wie Arno Geiger an seiner Seite weiß, soviel ist gewiss.

Lieber Arno Geiger, ich gratuliere Ihnen ganz herzlich zum Literaturpreis der Konrad-Adenauer-Stiftung!

Scardanelli

Rede zur Verleihung des
Friedrich Hölderlin-Preises 2011

Nach Abschluss des Gymnasiums, in dem man mich angehalten hatte, den Lauf der Welt auswendig zu lernen, fuhr ich nach Deutschland. Ich war ein Jugendlicher, besaß jedoch, was Friedrich Hölderlin knapp sechsundzwanzigjährig in einem Brief an seinen Bruder Carl sich selbst attestierte, eine frühzeitige Anlage zum alten Manne. Frankfurt den 11. Februar 1796: »Lieber Bruder! […] Es war auch Zeit, daß ich mich wieder etwas verjüngte; ich wäre in der Hälfte meiner Tage zum alten Manne geworden. Mein Wesen hat nun wenigstens ein paar überflüssige Pfunde an Schwere verloren und regt sich freier und schneller, wie ich meine.«

Die Geschichte handelt davon, dass ich nicht mit meinen Schulkollegen an die Costa Brava zum Sangría-Trinken fuhr, sondern allein die nahe gelegene Grenze nach Norden überschritt mit einem Rucksack, dessen Inhalt nach wenigen Tagen ein dezentes Seehundaroma verströmte, mit einer Wut im Bauch und Angst vor dem Leben. Während zweier Wochen reiste ich durch die Bundesrepublik des Jahres 1987. Erste Station: Tübingen. Die Bad Homburger mögen mir diesen Umweg verzeihen, es gilt für Bad Homburg, was für Tübingen gilt, zu viele Menschen sind dort schon unglücklich gewesen.

Am Neckar stand ich mit verzagtem Gesicht abseits, überwältigt vom Gefühl meiner entsetzlichen Untauglichkeit, ich war knapp neunzehn, konnte gehen und sprechen, doch vermochte ich nur mit Mühe, meine Empfindungen zu artikulieren. Also tat ich, wofür Jugendliche ein besonderes Talent besitzen, ich verachtete die Welt, weil sie mir nicht gewähren wollte, was ich als Wunsch gar nicht hätte formulieren können. Was ist mit dir? Was willst du? Weiß ICH es? Weiß die Welt es? Ist einer von uns alt genug? Die Welt ist nicht alt genug. Und du? – Ich? – Ich war ein Jugendlicher, einfach nur ein Jugendlicher, wenn auch einer mit grauen Haaren.

In meinem Notizbuch von damals erwähne ich eine Begrenzungsmauer am Neckar, an der Straße zur Jugendherberge. Die Mauer tat, was man von einer Mauer gemeinhin nicht erwartet: Sie sprach. Wenn Mauern sprechen können, können sie auch schweigen. Manchmal stehen sie *sprachlos und kalt. Im Winde / klirren die Fahnen.* Auf der Tübinger Mauer ein Graffito mit einem Zitat von Friedrich Hölderlin: *Indessen wandelt droben harmlos das Gestirn*, wie geschaffen als Motto über meinem damaligen Lebensgefühl.

Deutschland betrachtete mich lautlos.

Ich fragte eine Frau, wie die Insel im Neckar heiße, sie sagte: »Die Insel hat keinen Namen.«

Friedrich Hölderlin sei überall präsent gewesen, heißt es in meinem Notizbuch, in jeder zweiten Auslage eine Büste oder ein gerahmtes Gedicht. Und ständig Glockengeläut von irgendwoher in der Stadt, dass das Straßenpflaster vibrierte. Das Wasser des Flusses sei dunkelgrün bis zur Schwärze gewesen. In die Rinde einer Platane auf der namenlosen Insel hatte jemand die Worte geritzt: *Ich liebe Dich über alles, Hans.* Also nicht irgendeiner, sondern einer mit Namen Hans.

Scardanelli.

Kann wirklich ich das gewesen sein? Kann dieser Jugendliche ich gewesen sein? Und mein Vater, in genau demselben Alter, neben ihm Sterbende und Tote, die er namenlos würde begraben müssen auf einem Schuttabladeplatz. Kann ER das gewesen sein? Der alte Mann, der nichts davon weiß? Er fragt: »Wer bin ich?«

»August Geiger«, sage ich, »du bist August Geiger.«

Er lächelt erleichtert und sagt: »Dann ist es gut.«

Ich war knapp neunzehn, so alt wie mein Vater, als er im Lazarett lag. Heute ist er vierundachtzig, ich bin zweiundvierzig, halb so alt wie er. *Hälfte des Lebens.*

Im Wunsch, die Welt könnte unendlich offen sein und meine Kraft könnte ins Ungemeine wachsen, wenn die Welt unendlich offen wäre und jemand mir begegnete, der mich versteht, fuhr ich durch die Bundesrepublik des Jahres 1987. Ich führte mich auf eigene Faust an die Enttäuschungen des Lebens heran. Ich dachte, das würde mir helfen.

Ich wollte schreiben, vielleicht Schriftsteller werden. Ich war knapp neunzehn, ich wusste nicht, wie ich mit meiner Sprache in der Welt zurechtkommen werde. Sich mittels der Sprache zu artikulieren, das ist harte menschliche Arbeit.

Während die Schulkollegen in Spanien am Strand lagen, stand ich im Schwabenland am Fluss. Ich konnte gehen und sprechen, aber ich vermochte nicht zu artikulieren, was mir fehlte: *Wo nehm ich, wenn es Winter ist, die Blumen ....*

Als ich dort am Fluss stand, dachte ich bestimmt an etwas. Ich dachte an die Zukunft, denn ich hatte gerade das Gymnasium hinter mich gebracht, in dem man mich angehalten hatte, den Lauf der Welt und deren Funktionsweise auswendig zu lernen. Ich verließ Tübingen und fuhr nach Norden.

Geld hatte ich keines. Manchmal schlief ich in Stadtgärten im Gebüsch, manchmal wurde ich von einem Hund geweckt, der an mir schnupperte, bis jemand seinen Namen rief. *Hans.* Zwei Wochen Wanderschaft durch das Westdeutschland von 1987. Es mauerte damals im östlichen Teil des Landes noch die Partei, die glaubte, immer recht zu haben. Angeblich mauerte sie zum Wohlergehen der Menschen. Mauern sind keine zukunftstauglichen Kräfte. Meistens stehn sie *sprachlos*.

Warum Sprache diese ungeheure Autorität in unserem Leben erlangt hat, zeigt sich, wenn einer sie verliert. Mein Vater sucht nach Wörtern, um sich auszudrücken, manchmal steht ihm der Schweiß auf der Stirn. Vor vier Wochen, Anfang Mai, als der Mai plötzlich kalt geworden war, verstand er nicht, was ich ihm sagte. Er hob die Achseln, und mit einem entschuldigenden Lächeln sagte er: »Ich glaube, der kalte Wind hat mich ganz sprachschwach gemacht.«

April und Mai und Julius sind ferne, Ich bin nichts mehr, ich lebe nicht mehr gerne!

Manchmal sucht mein Vater nach Wörtern, er bewegt die Hände in der Luft, als taste er nach einem Anhaltspunkt, es ist, als stünde er vor einer Glasscheibe, die einen Kontakt mit dem, was er sieht, unmöglich macht. Plötzlich ist er Zaungast, er hat keinen Zutritt mehr, wo der Zutritt eben noch selbstverständlich war, die Passwörter sind verloren. Er sagt: »Ich bin nichts mehr.« Doch wenn er das gesuchte Wort findet, ist der Kampf um Selbstbehauptung für einen Moment gewonnen, dann ist nochmals Unterschlupf gefunden. Er atmet auf.

Wenn sich ein Wort entzogen hat, überkommen einen die unterschiedlichsten Gefühle, Ungeduld natürlich, wenn uns ein Wort oder Name nicht einfällt, *Scardanelli,* aber auch Besorgnis, weil etwas in Gefahr geraten ist, Angst, das Wort könnte nicht zurückkehren, Angst vor dem Unbekannten, Wut, ein wenig Verachtung vielleicht für den Menschen oder Gegenstand, dessen Name nicht greifbar ist, Verachtung für sich selbst, der vergessen hat, und etwas noch, für das mir zwei Wörter *einfallen:* Trauer und Zärtlichkeit.

Ohne Artikulation bleibt die Wahrnehmung des Moments *unerlöst.* Die Empfindung des Moments bleibt *unerlöst.* Eine Welt ohne Wörter ist eine Welt voller Wunden. Ein fehlendes Wort ist wie ein Loch im Gewebe der Welt. Ein Griff ins Leere. *Tiefverloren,* heißt es in einem Gedicht von Friedrich Hölderlin: *Doch weh mir! wenn von / selbgeschlagener Wunde das Herz mir blutet, und tiefverloren / der Frieden ist…*

Indem Dinge und Menschen einen Namen bekommen, treten wir in Beziehung zu ihnen. Benennen ist Zuneigung. Dinge, die keinen Namen bekommen, sind ungeliebt. In Österreich sagt man zu etwas, das nichts taugt: *Das heißt nichts.* Es verdient keinen Namen, es bleibt besser ungetauft.

Einen Namen haben, sich einen Namen gemacht haben, das heißt auch, das Gefühl zu haben, etwas wert zu sein. Oder eben: nichts wert zu sein. Die Namenlosen. Die Toten am Schuttablageplatz bei Bratislava. Die namenlosen Toten. Der Sohn, der fragt: »Weißt du überhaupt, wer ich bin?« Und dann die ausweichende Antwort des verunsicherten Vaters: »Als ob das so interessant wäre.«

Seine liebste Betreuerin, Daniela, fragte meinen Vater einmal: »August, wie heiße ich?« Er schaute sie verzagt an, dann sagte er lächelnd: »Liebe Freundin.« »Ich heiße doch nicht liebe Freundin, ich heiße Daniela! Das vergisst du immer.« »Ja«, sagte er, »das stimmt, das vergesse ich immer. Ich glaube, ich lerne es nicht mehr.«

Liebe Freundin, das ist kein schlechter Name. Ich stelle mir vor, dass Namen so entstanden sind: Amanda, Carola, Ruth. Ruth heißt auf hebräisch Freundschaft. *Scardanelli.*

Aufmerksamkeit für die Welt ist nicht bloß Wahrnehmung, sie ist auch Benennen. Jeder Mensch vertraut darauf, dass etwas dran ist an dem, was er sagt. Auch die größten Sprachskeptiker vermochten keinen Ausweg aus dem Dilemma zu finden, dass sie sich der Sprache bedienten, um ihrer Skepsis Ausdruck zu verleihen. Sprache hat keinen Selbstzweck, sie realisiert sich in der Mitteilung, die glückt oder scheitert im Miteinander der Menschen.

In allen Menschen ist das gleiche Geheimnis am Werk, sie denken vor sich hin, und manchmal artikulieren sie ihre Gedanken. In den Nachtzügen zwischen Süddeutschland und Norddeutschland und zwischen Norddeutschland und Süddeutschland, die ich 1987 wiederholt bestieg, um das Geld für die Jugendherberge zu sparen, kam ich mit anderen Reisenden ins Gespräch. Ein jugoslawischer Gastarbeiter sagte, er sei seit neunzehn Jahren in Deutschland und habe seinen Lohn ausnahmslos immer pünktlich erhalten. Auch das kann Heimat sein, den Lohn pünktlich erhalten. Der Gastarbeiter versank in Gedanken, schloss die Augen und schlummerte ein. Eine alte Frau erzählte vom Pilzesammeln während des Krieges. »Und du?«, fragte sie mich: »Was willst du im Leben einmal machen?« Und dann mit vorgeneigtem Kopf und eindringlicher Stimme: »Man müsste zur Müllabfuhr gehen. Die Männer von der Müllabfuhr sind immer guter Laune.« Die Frau lachte. Ich sagte nichts oder nicht viel. Ich wollte Schriftsteller werden, keine Berufsgruppe, die für ihre gute Laune bekannt ist. Aber ich erinnerte mich an die Empfehlung der Frau, als ich viele Jahre später einen Satz der Lyrikerin Anna Achmatova las: »Verse wachsen auf dem Müll.«

Auf dem Müll oder auf der staubigen Vortreppe einer geerbten Villa oder am Küchentisch einer Mittelstandsfamilie, die an der Vorortelinie wohnt: *Alles über Sally. Scardanelli.*

Das tagtägliche und handfeste Leben als Stoff: das ist unter anderem das Thema von Friedrich Hölderlins Homburger Brief an Neuffer vom 12. November 1798. Hölderlin gesteht darin seine bisherige Scheu, das Gemeine und Gewöhnliche im wirklichen Leben in sein Schreiben einzubeziehen. Das Schweben in anderen Sphären begreift er als Sackgasse. Denn: »ohne Gemeines kann nichts Edles dargestellt werden; und so will ich mir immer sagen, wenn mir Gemeines in der Welt aufstößt: Du brauchst es ja so nothwendig, wie der Töpfer den Leimen, und darum nehm es immer auf und stoß es nicht von dir …«.

Gegenstand guter Literatur ist für mich das Ideale unter dem Gesichtspunkt, wie traurig es dahinter ausschaut. Der Blick hinter das Ideale ist die unentbehrliche Indiskretion, der sich jeder Schriftsteller und jede Schriftstellerin schuldig macht beim Versuch, die menschliche Existenz auszuleuchten. Ich mache mich dieser Indiskretion schuldig, seit ich im Sommer 1987, wenige Wochen nach meiner Rückkehr aus Deutschland, mit dem Schreiben meines ersten Romans begann. Es findet sich darin auch das Hölderlin-Zitat von der Tübinger Mauer:

Indessen wandelt droben harmlos das Gestirn.

Seither ist viel Zeit auf vielen Uhren vergangen. Knapp Fünfundzwanzig Jahre Leben und Schreiben haben manches zu meiner Person hinzugefügt. *Die Jugendstunden sind, wie lang! wie lang! verflossen.* – Ich trauere ihnen nicht nach, ich lebe gern.

Der Gebrauch von Sprache ist eine der Quellen, der Selbstachtung entspringt. Aber es braucht nicht nur die Fähigkeit zu sprechen, sondern auch einen Raum, in dem man sprechen darf und in dem man gehört wird. Ich bekomme diesen Raum, die meisten Menschen bekommen ihn nicht, die Mauern *stehn sprachlos und kalt.*

Mein Vater würde gerne die Wörter finden, die er braucht, um zu sagen, was er wahrnimmt und empfindet. Sein Sprachverlust verschluckt die Welt mit langsamen Bissen. Er spürt, wie alles von ihm fortstolpert, und er kann nichts dagegen machen. Er war glücklicher, als die Wörter noch auf seiner Seite waren. Wer Wörter verliert, der hat es mit dem Tod. Ich selber, jetzt halb so alt wie mein Vater, werde die Worte suchen, die man zum Abschied sagt. Worte, die man sagt, wenn man Angst hat und seine Angst benennen will. Zuneigung, die man empfindet und aussprechen will. Dank, den man empfindet und aussprechen will.

Verehrte Damen und Herren, ich bedanke mich bei Ihnen sehr herzlich für Ihre Aufmerksamkeit, für Ihre Großzügigkeit und vor allem dafür, dass Sie schon vor sechs Jahren, als ich hier in Bad Homburg den Förderpreis erhalten habe, an mich geglaubt haben. Der Blick zurück macht mir den heutigen Tag besonders wertvoll.

Robinson Crusoe in Wolfurt

Laudatio zum Friedrich Hölderlin-Preis 2011
von Felicitas von Lovenberg

Wie jeder bedeutende Gegenstand mache auch die Alzheimer-Krankheit Aussagen über anderes als nur sich selbst, schreibt Arno Geiger in *Der alte König in seinem Exil*. Und er fährt fort: »Für uns alle ist die Welt verwirrend, und wenn man es nüchtern betrachtet, besteht der Unterschied zwischen einem Gesunden und einem Kranken vor allem im Ausmaß der Fähigkeiten, das Verwirrende an der Oberfläche zu kaschieren. Darunter tobt das Chaos. Auch für einen einigermaßen Gesunden ist die Ordnung im Kopf nur eine Fiktion des Verstandes.«

Wie so viele Sätze Arno Geigers laden auch diese zunächst zum Nachdenken und eigenen Überprüfen ein, bevor sie uns zur Zustimmung bewegen. Und gerade in seinem jüngsten Werk, das eigentlich sein ältestes ist, im gütigen, weisen *Der alte König in seinem Exil*, stehen viele solcher Sätze, mehr, als man in einem einzigen Lesen aufnehmen kann. Denn das Wissen, das dieses Buch so großzügig mit uns teilt, ist sehr viel älter als alle Fachbücher zur Demenz.

Es ist eine Essenz von Erkenntnissen, Erfahrungen und Gedanken, über das, was am Ende der Lektüren bleibt. Die schöne, menschenfreundliche Deutlichkeit seiner Sprache korrespondiert mit der Klarsichtigkeit seines Verfassers ebenso wie mit dem Ausdrucksvermögen seines heimlichen Helden an guten Tagen. Und doch ist *Der alte König in seinem Exil* keine Bilanz, sondern mitten aus der unfasslichen Fülle des Lebens, aus dem Chaos der Existenz heraus geschrieben.

Wer sein Leben wie ich als von Literatur beeinflusst, also von Romanfiguren bevölkert betrachtet, dem erscheint es zwangsläufig signifikant, dass das Lieblingsbuch von August Geiger, einem Mann, der »mit seiner Frau und seinen Kindern kein einziges Mal in Urlaub gefahren war, weil er die Welt angeblich im Krieg gesehen hatte«, ausgerechnet *Robinson Crusoe* ist – das Aussteigerbuch schlechthin. *Robinson Crusoe* sei der einzige Roman, den sein Vater je gelesen habe, diesen aber dafür mehrmals, schreibt Arno Geiger. Es sei »einer der wenigen wichtigen Romane der Weltliteratur, in dem Liebe kein bedeutendes Motiv ist und umso bedeutender das Motiv der Selbstbehauptung.« Ein Satz, der durchaus auch für Hölderlins *Hyperion* gelten könnte.

Aber lassen Sie mich einen Moment bei *Robinson Crusoe* verweilen, diesem 1719 erschienenen, ersten Roman der modernen englischen Literatur. Längst erwartet die Literatur keine übermenschlichen Fähigkeiten mehr von ihren Helden, legt man keinen Wert mehr auf die implizite Größe, die der Titel Roman-held birgt. Geblieben ist, dass die Hauptfigur derjenige Charakter ist, der uns zur Identifikation einlädt. Insofern ist er Garant jener Wirkung, die Arno Geiger dem *Alten König seinem Exil* mit einem Zitat Hokusais, des japanischen Meisters des Farbholzschnitts, vorangestellt hat: »Man muss auch das Allgemeinste persönlich darstellen.«

Literatur ist dazu da, dass der Leser sie auf sich bezieht. Und so ist es verführerisch, in August Geigers früherer, enthusiastischer Lektüre von *Robinson Crusoe*, nach dem er sogar sein Auto benannte, etwas Tröstliches zu sehen, auch wenn er selbst sich heute nicht mehr daran erinnern kann. Denn der Roman handelt vom Überleben – im elementaren, physischen Sinn ebenso wie vom Überleben in absoluter geistiger Einsamkeit.

Auf den ersten Blick erscheint Crusoe als ein Held vom alten Schlag, der zivilisierte Werte und Ordnung in eine primitive Welt bringt und am Ende trotz widrigster Umstände über sein Schicksal triumphiert. Doch sobald man den Roman nicht allein vom Ende her denkt, erscheint Robinson Crusoe auf seiner felsigen Insel gleichfalls als ein König im Exil, einer, der ohne eigenes Verschulden von seinesgleichen abgesondert wurde. Der Münzschatz auf dem Schiffswrack, der ihm unter Kannibalen nichts nützt, ist nur ein

Symbol für die in seiner Lage völlig sinnlos gewordenen Gebräuche jener Welt, aus der er kommt. Die größte Herausforderung für Crusoe besteht darin, in dieser trostlosesten aller Situationen für sich einen Sinn zu finden. Für ihn erweist er sich in dem hart errungenen Glauben, dass in seinem Los keine persönlich gemeinte Bestrafung liegt. 23 Jahre verbringt er im wahrsten Sinne des Wortes mutterseelenallein, bevor Freitag in sein Leben tritt – kein Freund, sondern ein Diener, aber eben auch ein Gefährte, der sich auf seine Sprache und Weltsicht einlässt. Als Crusoe nach 28 Jahren, zwei Monaten und neunzehn Tagen die Insel verlässt, hat er Löcher in die Zeit gestarrt und die ganze Leere des menschlichen Herzens erblickt – und wir Leser haben mit ihm eine existentielle Erfahrung gemacht, nämlich dass das innere Leben das äußere stets überragt.

Robinson Crusoe auf seiner Insel, Friedrich Hölderlin im Tübinger Turm, August Geiger im Pflegeheim in Wolfurt – so einzigartig diese Schicksale sind, so vielsagend verwandt erscheinen sie doch auch.

Daniel Defoe verrät uns nicht, ob Robinson Crusoe sich in seiner Isolation manchmal ein kleines Liedchen vorsummt. Aber wir wissen, dass Friedrich Hölderlin in jenem Tübinger Erkerraum mit Blick auf den Neckar, in dem der Dichter die letzten 36 Jahre seines Lebens zubrachte, Klavier und Flöte spielte –

und mitunter auch sang. »Singen ist ein Zuhause außerhalb der greifbaren Welt«, schreibt Geiger, der uns erzählt, dass sein Vater ebenfalls mit Freude singt, auch wenn er den Text der Lieder nicht mehr weiß. Und es gibt, noch diesseits der Sprache, die frappierende Ähnlichkeiten aufweist, weitere Gemeinsamkeiten. Denn die uns bekannten Gedichte, die Hölderlin in seiner langen letzten Lebensphase schrieb, entstanden fast alle als Gelegenheitsgeschenke. Es sind spontane Äußerungen der Dankbarkeit, die jene mitnehmen durften, die zu ihm kamen, also ihre Befangenheit und Unsicherheit, wie mit dem scheinbar wirr Redenden umzugehen sei, überwunden hatten – ein Anlass zur Freude, jedenfalls, bevor der Besucherfluss in Hölderlins letzten Lebensjahren zu einem bedrohlichen Strom von schaulustigen »Mitfühlenden« anschwoll. Wenn August Geiger seinem Sohn einen Satz schenkt wie »Es geschehen keine Wunder, aber Zeichen«, offenbart die abgegriffene Formel auf einmal eine poetisch ver-rückte Wahrheit. »Oft ist es, als wisse er nichts und verstehe alles«, fasst der Sohn die schlafwandlerische Qualität solcher Äußerungen zusammen. Kraft zu Gutem findet sich in den kleinsten Anlässen. »Sein bevorzugtes Metier waren Bemerkungen über das Wetter und die Bewegungen in der Landschaft.« Erneut ein Satz, wie er sich auch über Hölderlin sagen ließe.

Seit gut zehn Jahren weiß Arno Geiger um die Demenzerkrankung seines Vaters. Sie begleitet ihn, seitdem er als Schriftsteller immer größere Erfolge feiern kann. Man würde es sich zu leicht machen, wenn man die persönliche Bescheidenheit Geigers in erster Linie auf die Erkenntnis zurückführte, wie wenig Auszeichnungen, Auflagen und Auftritte im Reich des alten Königs zählen. Aber natürlich hat die Krankheit des Vaters tiefe Spuren hinterlassen, auch in der Literatur des Sohnes. Wenn man im die früheren Werke Geigers im Licht des Vaterbuchs nochmals liest, meint man, beobachten zu können, wie er sich über die Fiktion herangetastet hat an das Unverhüllte von »der Vater«, »wir« und »ich«, wobei der offen autobiographische Antrieb den literarischen Rang dieser bisher letzten Erzählung nicht etwa mindert, sondern noch einmal steigert. Denn wo man dem Ureigensten so nah ist, schafft erst die Kunst jenen Abstand, der die Würde aller Beteiligten garantiert.

Das seinen Lesern erst mit dem Königsbuch bekannt gewordene Wissen um die Demenzerkrankung August Geigers erlaubt ein genaueres Verständnis auch der vorangegangenen Werke. Rückblickend erscheinen schon die früheren Buchtitel Geigers bedeutsam: *Es geht uns gut*, die fulminante, durchweg im Präsens gehaltene Familiengeschichte über die Macht des Verdrängten, liest sich im Nachhinein wie eine Beschwörungsformel aus der schwierigen Anfangszeit der väterlichen Erkrankung; die unter dem Motto *Anna nicht vergessen* gesammelten Erzählungen als eine Ermahnung an sich selbst. Vollends zutage tritt das für Geiger so charakteristische, absichtsvolle Vorbeischauen an Großereignissen, um stattdessen die kleinen, oft viel verräterischen Veränderungen in den Blick zu nehmen, dann in *Alles über Sally*, jenem anmutig-einfühlsamen Porträt einer Ehe in den mittleren Jahren, das mit der impulsiven, lebenshungrigen Sally, dieser Jägerin, auch ihren Mann, den introvertierten Sammler Alfred zeigt, der nichts wegwerfen kann und akribisch das Tagebuch eines scheinbar wenig aufsehenerregenden Lebens führt. Alfred ist ein Monument der Erinnerung, derjenige, der »die Stellung hält, damit ein paar Geschichten von uns überleben«. Dabei empfindet sich der äußerlich so phlegmatisch, veränderungsscheu wirkende Alfred selbst als einen überladenen, unorganisierten, unordentlichen Geist: »ich bringe so oft einen Gedanken nicht zu Ende, weil es so viele Möglichkeiten in meinem Kopf gibt, was als nächstes kommen kann, eins reiht sich ans andere, die Welt ist so vielfältig und krude, man kann nie genau wissen, welchen Effekt eine Variante hervorbringt«.

Es scheint nahezuliegen, Sally und Alfred in ihrer temperamentsbedingten Ungleichheit für fiktionale Widergänger von Arno Geigers Eltern zu halten,

»nicht gerade Musterbeispiele häuslicher Eintracht«, wie er sie als jugendlicher Sohn erlebte. Im Roman jedoch stellt er das Gleichgewicht zwischen den Lebensentwürfen auf seine Weise wieder her, etwa wenn Sally zugeben muss, dass sie über die Ehe von Bekannten bei weitem nicht so viel weiß, wie sie gedacht hat. »›Und über mich auch nicht‹, sagte Alfred zufrieden. Seine Worte hatten einen Nachklang, als lasse er sich von dem, was er grad gesagt hatte, tragen, als befinde er sich auf dem Heimweg, und zwei Engel fassten ihn unter den Armen.« Was für ein Satz, was für ein Bild – ich sehe August Geiger vor mir.

»Man schreibt nicht mit dem Finger, sondern mit der ganzen Person«, hat Arno Geiger, Virginia Woolf zitierend, einmal über seine Literatur gesagt. Mir gefällt die Vorstellung, dass ebenso viel Arno wie August in Alfred steckt, diesem zärtlichen, fürsorglichen, uneitlen Geschichtenbewahrer, und wenn August dann zum Ende des Romans in seinen Erinnerungen an die verschiedenen Phasen seiner Ehe mit Sally schwelgt, lässt sich sein Monolog über vierzig Seiten und einen einzigen, aus der gemeinsamen Vergangenheit in eine unbekannte Zukunft weisenden Satz auch als ein Geschenk des Sohnes an den Vater lesen, der zu einem solchen Kraftakt der Imagination selbst nicht mehr imstande ist.

Denn ohne Larmoyanz, aber auch, ohne diesen

größten aller Verluste kleiner, handhabbarer zu machen, beschreibt Arno Geiger im Königsbuch, wie mit der Sprache die Persönlichkeit aus der Person des Vaters heraussickert, »Tropfen für Tropfen«. Der Sohn fängt diese Tropfen auf, wann immer er kann, und bewahrt sie, indem er ihre Kostbarkeit und Komik mit uns teilt. Zwar erinnern die gewitzten, überraschenden, ja philosophischen Sätze und Formulierungen seines Vaters ihn mitunter an die Helden von Kafka und Thomas Bernhard, und mich mehr und mehr an Hölderlin. Doch er verhehlt nie, dass hinter den surreal-komischen Bemerkungen Unsicherheit und Angst lauern, die Rat- und Rastlosigkeit eines Menschen, dem die Welt als Tollhaus erscheinen muss.

Überhaupt ist das Bewusstsein für die ständigen Reibungsverluste des Lebens, denen wir alle unweigerlich ausgesetzt sind, allgegenwärtig in Arno Geigers Büchern, und die kleine Traurigkeit darüber auch: »Jeder hatte seine eigenen Gedanken für den internen Gebrauch, und nur ein Bruchteil davon wurde preisgegeben in einer verdaulich gemachten Version«, heißt es in *Alles über Sally*. Es gibt in Geigers Werk zahllose solcher winzigen Nachrufe auf das, was wir einander nicht mitteilen, voneinander nicht wissen können. Das Fremdheitsgefühl in der eigenen Existenz – das ist das große, stille Thema dieses Schriftstellers, der Ausgangspunkt seines Schreibens. Geigers

Neugier auf den Anderen hat das seit jeher nur verstärkt. Das Bedürfnis – und die Gabe – die »Unbewohnbarkeit bewohnbar zu machen«, sich in fremde Leben und Personen einzufühlen, zeigte sich bei ihm schon als Bub, der sich bisweilen »in die Zimmer meiner älteren Geschwister schlich und deren Schubladen herauszog in der Hoffnung, etwas über diese fremden Menschen in Erfahrung zu bringen«. Seine frühere Begründung lautete, dieses enorme Interesse für andere habe wohl damit zu tun, dass er selbst lange Zeit keine allzu ausgeprägte Vorstellung davon hatte, wer er selbst war. Heute ist seine Einfühlung mit dem Bewusstsein für die Zerbrechlichkeit der Welt verwoben. Doch Geigers Reaktion darauf ist keine Klage, sondern im Gegenteil die Konzentration auf das Vorhandene – und auf den Willen, sich nicht einfach so geschlagen zu geben: »›Durch geglückte Reparaturen bekommen Dinge einen emotionalen Mehrwert‹, sagte Sally. ›Schau deine Hosen an. Schau deine Ehe an.‹ – ›Meine Ehe!‹, sagte Alfred anerkennend. ›Die hält etwas aus, interessanterweise.‹«

An dem Versuch, einen tieferen Sinn im menschlichen Leiden zu erkennen, sind schon viele gescheitert. Die Schuldfrage lässt sich nur stellen, nicht beantworten. »Schicksal war jahrtausendelang ein elementarer Begriff«, bemerkt Geiger im *Alten König*. »Heute ist es fast verpönt, von Schicksal zu reden, alles muss erklärt werden. Aber manchmal kommt etwas auf uns zu, dass wir nicht erklären und auch nicht aufhalten können. Zufällig trifft es die einen, die anderen zufällig nicht. Warum? Das bleibt ein Rätsel.« Und als solches ein zentraler Gegenstand von Literatur. Deren eigentliche Frage lautet: wie mit dem Schicksal umgehen?

»Charakter ist die härtere Währung als guter Wille«, stellt Arno Geiger angesichts der Demenzerkrankung seines Vaters fest, dessen »unauslotbare Fähigkeit, fröhlich zu sein und zu lachen und rasch Freundschaften zu schließen« er beglückt beobachtet. Der Vater: ein König, ein Held. Das Setzen auf innere Haltung wird immer mehr zu einer Aufgabe für die Anderen, die Angehörigen, für uns. »Der entscheidende Satz dieses Tages jedoch lautete: ich kann der Heldenfigur nicht gerecht werden, zu der ich mich selber gerne machen möchte«, heißt es einmal in *Alles über Sally*. Doch gerade in der Diskrepanz zwischen Bild und Realität, Held und Mensch liegt ein Trost: die Möglichkeit von Nähe, das Überwinden der Fremdheit.

Aber die Literatur Arno Geigers, und das macht sie groß, vermag noch etwas. Sie macht uns nicht nur aufmerksam für die Vielfältigkeit der Menschen, für die vielen Gesichter eines jeden von uns, sondern sie macht solidarisch. Denn wenn Arno Geiger im Sinne Hölderlins zusammen mit seinem Vater August uns

Unerfahrenen das warnende Lied singt, nimmt er uns die Befangenheit und Unsicherheit, die nicht nur Krankheit, sondern jede Form des Andersseins auslöst. Anstatt sich hinter die Krankheit als Metapher, als allgemeingültiges Erklärungsmuster zu flüchten, holt er die Individualität wieder daraus hervor – und damit die Möglichkeit des Glücks.

Anfang 1801 wanderte Hölderlin von Stuttgart über den Bodensee nach Hauptwil. Am 23. Februar schrieb er an seine Schwester Sätze, wie sie mir für den heutigen Tag und die Wirkung von Arno Geigers Literatur geradezu gemacht scheinen: »Ich glaube, es wird nun recht gut werden in der Welt. Ich mag die nahe oder die längstvergangene Zeit betrachten, alles dünkt mir seltne Tage, die Tage der schönen Menschlichkeit, die Tage sicherer, furchtloser Güte, und Gesinnungen herbeizuführen, die ebenso heiter als heilig, und ebenso erhaben als einfach sind.«

In diesem Sinn gratuliere ich Arno Geiger von ganzem Herzen zum Hölderlin-Preis und Bad Homburg zu diesem wunderbaren Preisträger.

Der schmale Grat

Rede zur Verleihung des
Friedrich Hölderlin-Förderpreises 2005

Ich betrete das Haus, von allen unbemerkt, gehe in die Küche, und während ich dort ein Glas Wasser trinke, denke ich darüber nach, was es für mich bedeutet, dass das Lektorat für meinen vierten Roman drei Wochen früher beendet sein soll als ursprünglich angekündigt. Mir bleiben lediglich sechs Tage, und ausgerechnet jetzt bin ich im Haus meines Vaters, weg von meinem Schreibtisch.

Mein Vater kommt herein, er schaut mich mit seinen ewig schwimmenden Augen freundlich an. Er ist nie sonderlich überrascht, wenn ich mich nach Wochen oder Monaten der Abwesenheit wieder einmal blicken lasse. Wir grüßen einander. Ich frage ihn, wie es ihm geht. Er antwortet:

– Eigentlich immer gut.

Er geht in der Küche auf und ab, als wolle er sich ein wenig umsehen und sich vergewissern, dass alles an seinem Platz ist. Dann sagt er:

– Ich weiß nicht, was von mir erwartet wird.

– Was meinst du mit *erwartet*? frage ich.

– Ob ich etwas tun muss.

Ich nehme einen Schluck Wasser und beruhige ihn:

– Niemand erwartet etwas von dir. Es ist Sonntag,

du kannst dir einen ruhigen Abend machen. Sei froh.

– Bist du sicher?

Ich nicke.

– Dann bin ich ja erleichtert.

Und nach einer kurzen Pause fügt er hinzu:

– Jetzt wäre nur noch interessant zu erfahren, wer mich nach Hause bringt.

Ich stelle das leere Glas in die Abwasch und führe meinen Vater durch die Räume des Untergeschosses. Ich zeige ihm, was er vor fünfundvierzig Jahren selbst geschaffen hat. Ich weise auf markante bauliche Eigenheiten und auf Dinge, zu denen mein Vater eine emotionale Beziehung haben sollte. Er hört mir aufmerksam zu, er betrachtet den Zählerkasten mit hochgezogenen Augenbrauen. Aber es ist ihm deutlich anzumerken, dass die Informationen, die er von mir erhält, nicht nach seinem Geschmack sind.

– Hier bin ich nicht zu Hause, sagt er.

Ich schaue mich um. Die Wände bräuchten einen frischen Anstrich. Auch wäre es an der Zeit, auf Gas umzustellen. Aber solange mein Vater lebt, lässt man das Haus ausdienen, mehr wird im Moment nicht verlangt.

Ich geleite meinen Vater ins Wohnzimmer, wo er in den vergangenen Jahrzehnten 90 Prozent seiner Abende verbracht hat. Normalerweise belästige ich ihn nicht mit Fragen, denn ich weiß, er befürchtet hinter jeder Frage einen Test oder eine Falle, die den Zweck hat, ihn in seiner Vergesslichkeit bloßzustellen. Doch um herauszufinden, woran er denkt, wenn er von zu Hause redet, erkundige ich mich beiläufig, wie es bei ihm zu Hause eigentlich ausschaut.

Er antwortet:

– Nicht viel anders als hier.

– Eventuell genau gleich wie hier? frage ich vorsichtig.

Die Antwort kommt ohne Zögern:

– So wie hier. Aber doch anders.

Ich weiß dann nicht, soll ich versuchen, meinem Vater beizubringen, dass er das falsch sieht, soll ich ihn auffordern, seinen Eindruck entsprechend zu begründen, oder soll ich mich seiner Meinung anschließen, dass ich ebenfalls finde, zu Hause sieht so aus wie hier, und doch anders.

Später, als mein Vater vor dem Fernseher sitzt, denke ich über den Unterschied nach zwischen dem, was mein Vater in diesem Haus sieht, und dem, was er gerne sehen würde, zwischen dem, wo er ist, und dem, wo er lieber wäre. Ein schmaler Grat. Dabei fällt mir ein, was Carl Einstein geschrieben hat, dass die materielle Welt und unsere Vorstellung sich nie decken. Das beschäftigt mich eine Weile, denn genau genommen steckt in diesem Gedanken auch für mich etwas Grundlegendes, weil damit eine der Ursachen benannt ist, weshalb ich zum Schreiben gekommen bin, all die kleinen Unstimmigkeiten und Befremdlichkeiten, die Verschiebungen, Schreckmomente, kleinen Niederlagen und seltsamen Freuden, die mich von Kind auf begleiten und mich beinahe täglich denken lassen: Seltsam, die Dinge machen den Eindruck, als wären sie normal, harmlos und einfach zu durchschauen, und doch, etwas stimmt nicht mit ihnen.

Mir kommt vor, mein Schreiben ist zu einem Gutteil das Ergebnis dieser Erfahrung, ein Erzählen und Nachdenken im kleinen Grenzverkehr zwischen Nicht-verstehen, Verstehen-wollen und Trotzdem-nicht-verstehen. Ein Pendeln zwischen materieller Welt und Vorstellung, zwischen Stoff und Wort, ein Anrennen gegen eine Welt, die sich nur selten auf eine stabile Bedeutung und einen klaren Sinn festlegen lässt und statt dessen mit beklemmender Beharrlichkeit paradox, unbegreiflich und unnahbar bleibt.

Jeder hat seine eigenen Gründe, warum er Schriftsteller wird. Über meine eigene Veranlassung rede ich nicht gerne, weil ich meistens zu sehr bemüht bin, das, was mich antreibt, als etwas in sich Geschlossenes, Zusammenhängendes und Schlüssiges darzustellen. Einige Talente und Schwächen spielen in dem Ganzen aber zweifellos eine gewisse Rolle.

An der Oberfläche ist bei mir ein ausgeprägtes Einzelgängertum festzustellen, ich bin ein Stubenhocker, verbunden mit dem keineswegs in Widerspruch dazu stehenden Wunsch, geliebt zu werden oder jedenfalls Aufmerksamkeit zu erhalten. Ich bin ein Mensch, der nicht zu Gefühlsausbrüchen neigt, einer, der keine übertrieben engen Bindungen eingeht, auch nicht mit bestimmten Wahrheiten. Die Welt bleibt mir immer ein wenig fremd, ich nehme sie nicht an im Sinne, dass ich sie umarmen will. Ich fühle mich ganz wohl als Außenstehender, als Randfigur – und so ist meine Anteilnahme meist nicht die eines Handelnden, sondern die eines Beobachtenden. Mein Schreiben hat viel mit diesem Beobachten zu tun, mit einem fortgesetzten, nicht nachlassenden Staunen, wie merkwürdig unsere Existenz ist. Es hat auch damit zu tun, dass diese Merkwürdigkeit, wenn man sie in Sprache überführt, nichts von ihrer Merkwürdigkeit verliert, aber zusätzlich an Bedeutung gewinnt.

Als ich mit dem Schreiben begonnen habe, neunzehnjährig, hätte ich behauptet, dass es bei mir keine besondere Veranlassung dafür gibt; halt dass ich grad nichts Besseres zu tun habe. Die Frage, warum ich schreibe, habe ich mir gar nicht gestellt. Warum erschaffe ich mir eine neue und eigene Welt aus Wörtern, und inwiefern reagiere ich damit auf die reale Welt, die ich mit anderen Menschen teile. Die Erkenntnis, dass mein Erzählen eine Reaktion auf Unordnung ist, dass Schreiben eine besondere Art ist, Angst zu haben, sich zurückzuziehen und mit dem, womit man fertig werden muss, umzugehen, lag jenseits meines Reflexionshorizontes, ebenso die Erkenntnis, dass ich mich an den Schreibtisch setze, weil ich das Bedürfnis habe, hinter dem Geschriebenen etwas zu finden, das nicht nur auf mich verweist, sondern auch auf die Zeit- und Lebensumstände, in die ich hineingeworfen bin und die sich mir nur ungenügend erschließen. Heute würde ich sagen, dass ich schreibend die Leerstellen meiner Existenz auffülle oder aufzufüllen versuche, deren Unvollständigkeit und deren Mängel, dass ich gegen jenes Nichts anschreibe, das sich unter anderem auch in der Schrecken einjagenden Kluft zeigt, die meinen Vater von den Gegenständen in seinem Haus trennt.

Beim Schreiben habe ich mich von meinem engeren Lebensbereich selten weit entfernt, obwohl ich anfangs so getan habe, als ließe ich meine Herkunft dezidiert hinter mir. Mittlerweile habe ich diese Ansicht einer gründlichen Revision unterzogen und gestehe mir gerne ein, dass das Andere und Fremde, das in mir die Leidenschaft weckt, mich damit auseinanderzusetzen, die vertrauten Umstände sind und Menschen, die mir in gewisser Weise ähneln.

Ich bin jetzt Mitte dreißig, einige Jahre zu alt, finde

ich, um mir noch selbst etwas vorzumachen. Die weite Welt hat es mir nicht angetan, und selbst um die Kunst, die österreichische Gesellschaft zu durchschauen, bemühe ich mich oft nur ungenügend, es reicht mir, um deren Vielschichtigkeit zu wissen und mir diese im Hinterkopf zu behalten. Ob der Ökonom und Philosoph Leopold Kohr recht hat, wenn er sagt, dass niemand in der Lage ist, mehr als ein mittelgroßes Wirtshaus in seiner Komplexität zu überblicken, weiß ich nicht. Ich selbst fühle mich davon angesprochen, und sei es nur, damit ich eine Rechtfertigung dafür besitze, weshalb ich mich weitgehend darauf beschränke, mit mir selbst Schritt zu halten, die Unruhe in mir selbst und die Unruhe in meinem Gegenüber aufzuzeichnen.

Aber vielleicht hat man auch die Gesellschaft verstanden, wenn man das Wirtshaus verstanden hat – oder auch nur die eigene Familie, was mir schon schwer genug fällt.

Oft versuche ich zu verstehen, und verstehe doch nicht. Deshalb glaube ich auch: Besser, man erzählt, als Betrachtungen anzustellen und Schlüsse zu ziehen.

Mein Vater ist ein guter Verlierer sowohl seiner Erinnerungen, als auch in der Art, wie er mit dem Verlust seiner Erinnerungen umgeht. Die Last der drohenden Vernichtung drückt ihn, aber nicht so sehr, wie man es erwarten würde. Wäre ich an seiner Stelle, würde ich mir extrem schwertun; davon gehe ich aus. Er hingegen kränkt sich nicht sonderlich. Was unverändert bleibt inmitten der galoppierenden Veränderungen, die sich an ihm vollziehen, ist seine ausgeglichene, gute Stimmung. Er sagt Sätze wie: Mir ist jedes Wetter recht, um zufrieden zu sein. Und: Mir rennt nichts mehr davon. Oft sitzt er ganze Nachmittage in der Laube, hat mehr oder weniger ständig das Gesicht in den Händen, auch, wenn er vor dem Haus auf der kniehohen Gartenmauer sitzt, auf der wir als Kinder gerne gesessen sind. Aber wenn er den Oberkörper aufrichtet und die Hände langsam Richtung Kinn nach unten zieht, kommt ein Lächeln hervor.

Bei allem Verstörenden, das sein Zustand hat, ist es mehr als nur ein Trost, dass mein Vater nicht stunden- und tagelang in finsterem Trübsinn brütet.

Ich sitze seit gut einer Stunde in meinem Zimmer am Laptop, komme aber nicht vorwärts, weil es mir immer schon schwergefallen ist, im Haus meines Vaters zu arbeiten. Dieses Kunststück gelingt mir meist nur, wenn es absolut still ist. Die Stille hält mich davon ab, Schuldgefühle zu haben, diese ganz allgemeinen familiären Schuldgefühle, etwas zu verabsäumen, jemanden zu vernachlässigen oder niemandem eine Freude zu sein.

Zu Hause fühle ich mich nur einigermaßen wohl, wenn niemand sich bewegt.

Mein Vater hat den Fernseher seit einigen Minuten lauter gestellt. Mit dem Argument vor mir selbst, eine Pause verdient zu haben, setze ich mich zu ihm ins Wohnzimmer. Wie immer bietet er mir an, ich könne umschalten, falls ich etwas Bestimmtes wolle. Wie immer winke ich ab, knipse mich dann aber doch durch alle Kanäle, um zu sehen, was geboten wird. Sinnvoll scheinen mir nur die Nachrichten zu sein, und selbst das ist ein freundlicher Selbstbetrug.

Während die Sprecherin die Neuigkeiten herunterleiert, sehe ich mir meinen Vater an und frage mich, wie ich mit 79 sein werde, ob auch meine Nase weiter wachsen wird, bis sie fast doppelt so groß ist wie jetzt, und ob ich dann ähnlich große und verknitterte Ohren haben werde. Und ob auch mir das Denken immer schwerer fallen wird. Denn auch das hat mein Vater vor einiger Zeit gesagt: Das Denken fällt mir zunehmend schwer.

Wir sitzen eine Weile, ohne viel zu reden, bis mein jüngerer Bruder nach Hause kommt. Er war in der Kirche, auf dem Rosenkranz für einen verstorbenen Bekannten. Mein Bruder berichtet, dass während des Rosenkranzes ein Handy geklingelt habe, wobei geklingelt sei ungenau gesagt. Das Telefon habe sich gemeldet mit: Tor, Tor, Tor, i werd narrisch! Ein wenig synthetisch, aber doch unverkennbar der Radiokommentar von Edi Finger senior anlässlich des 3:2 in Cordoba. *Krankl schießt ein.* Während mein jüngerer Bruder und ich lachen, blickt unser Vater verwundert abwechselnd von einem zum andern, erstaunt, dass zwei seiner Söhne sich mehr oder weniger grundlos auf die Schenkel klopfen. Er lächelt Anteil nehmend. Aber offenbar kann er keinen Zusammenhang herstellen zwischen Rosenkranz, der Teil seines Zeichensystems ist, und Handy-Klingeltönen und Edi Finger senior, die nicht zu seinem Zeichensystem gehören.

Nach einiger Zeit sagt er herzlich:

– Es freut mich, dass es euch gut geht.

Es gibt einen Satz von Grillparzer:

Wenn der Mensch über Bord geht, schmeiß ich die Kunst hinterher.

Nachweis

Die Verleihung des Literaturpreises der Konrad Adenauer-Stiftung fand statt am 18. September 2011 in Weimar.

Die Verleihung des Friedrich Hölderlin-Preises fand statt am 5. Juni 2011 in Bad Homburg vor der Höhe.

Die Verleihung des Friedrich Hölderlin-Förderpreises fand statt am 19. Juni 2005 in Bad Homburg vor der Höhe. »Der schmale Grat« erschien zuerst in *Die Welt, an der ich schreibe,* einer Anthologie der Alten Schmiede, Wien, Sonderzahl 2005, herausgegeben von Kurt Neumann.

Wir danken den Preisstiftern und den Laudatorinnen für die freundliche Genehmigung zum Abdruck der Reden.

Inhalt